AF469667

MUSÉE D'ARMES

ET D'OBJETS ANCIENS

DE LA VILLE DE BORDEAUX

AVIS

Le Musée d'Armes et d'Objets Anciens, *est placé à l'Hôtel de Ville, dans les salles qui précèdent le* Musée des Tableaux.

Il est ouvert au Public et aux Étrangers, les mêmes jours et heures que ce dernier.

Conservateur : J. A. LABET, rue du Mulet, 1.

CATALOGUE

DU

MUSÉE D'ARMES

ET

D'OBJETS ANCIENS

DE LA VILLE DE BORDEAUX

PAR

J. A. LABET

Prix : 50 c.

BORDEAUX

MPRIMERIE DE Mme Ve N. DUVIELLA, 7, RUE DES TREILLES

1860

MUSÉE D'ARMES

ET

D'OBJETS ANCIENS

NOTICE

Sous le nom de MUSÉE D'ARMES ET D'OBJETS ANCIENS, ont été réunies en 1859, deux parties distinctes des collections de la Ville, l'une, se composant ainsi que l'indiquait son nom primitif, d'armes anciennes et modernes, et l'autre renfermant les produits de l'art et de l'industrie, de différentes époques.

Le Musée d'Armes a été formé en 1853, avec les pièces extraites du Musée des Antiques, et celles de la collection achetée à M. MICOL, par délibération du Conseil Municipal, en date du 2 Novembre 1852.

Depuis, un grand nombre de personnes ont bien voulu contribuer à l'enrichir par leurs dons, il s'est accru, au moyen du crédit, annuellement consacré à chacun des Établissements Municipaux des Sciences et des Arts, et l'acquisition récente de la collection de M. Durand, est venue l'augmenter de pièces très rares et très intéressantes.

Dans le Catalogue détaillé, les objets dont il se compose sont divisés en plusieurs séries, portant les noms des principales périodes de notre histoire. Ces diverses dénominations ne sont peut-être pas d'une exactitude rigoureuse, à l'égard de toutes les pièces, mais, elles ont paru suffisantes, comme indication chronologique.

En tête de la nomenclature se placent naturellement les armes anté-diluviennes, que M. Boucher de Perthes, président de la Société d'émulation du département de la Somme, a découvertes et a bien voulu donner au Musée. Ce sont deux haches et une lance en silex, brûtes, c'est-à-dire taillées par éclats, presque semblables à celle des époques postérieures, sauf une espèce de patine qui semble les avoir pénétrées, et une nuance de perfection dans le travail par éclats comparé à celui des autres objets en silex, moins anciens, que renferme le Musée. L'une d'elles en outre, paraît avoir été roulée assez longtemps pour que les arêtes vives en soient émoussées.

Elles ont été recueillies en 1844, 1853 et 1854, dans les bancs de diluvium de Saint-Acheul-les-Amiens, et Menchecourt-les-Abbeville à 10 mètres au-dessous de la surface du sol, avec des ossements fossiles, d'éléphants, bœufs, cerfs et autres animaux.

L'époque celtique, comprend les armes de silex et autres pierres dures, des premiers habitants de nos pays. La plus grande partie formait la collection recueillie dans la Gironde et dans les départements voisins, par M. Jouannet, bibliothécaire, et léguée par lui à la Ville. La collection Durand en a également fourni, entr'autres une série de soixante-cinq pointes de flèches, de presque tous les modèles connus, portant la plupart l'indication des lieux et dates de leur découverte.

La réunion de ces curieux et impérissables vestiges d'époques peu connues, les indications de provenances, l'étude des différentes espèces de pierres dont elles sont formées, offrent un intérêt d'autant plus vrai, que c'est par eux seuls qu'il a été le plus souvent possible, de reconnaître et de constater, l'existence ou le passage dans certaines localités, des peuples auxquels ils ont dû appartenir. Si dans le travail de fabrication de quelques unes de ces armes on ne peut voir que les patients efforts d'une industrie primitive, d'autres, les pointes de flèches par exemple, témoignent d'une habileté d'exécution qu'il serait difficile d'égaler aujourd'hui, même avec l'aide des procédés nouveaux. En se rendant compte de ceux bien simples sans doute, dont on disposait en ces temps, elles resteront toujours quelque chose de merveilleux.

Quelques objets du même genre, produits de l'industrie actuelle des tribus indiennes du nouveau monde, par un curieux rapprochement, font supposer ce que devaient être nos pères à ces époques reculées.

La série suivante, indépendamment des armes ou débris d'armes de bronze, gauloises ou gallo-romaines, renferme un grand nombre de ces instruments du même métal qui se trouvent dans toutes les collections, désignées comme des armes gauloises.

Cette qualification peut certainement s'appliquer à quelques unes de ces pièces, et ne pas convenir à d'autres. Divers auteurs ont attribué à ces objets plusieurs origines, et leur emploi ne paraît pas encore avoir été parfaitement déterminé. En attendant et en les considérant comme des armes, le classement a dû en être fait, d'après la perfection graduée de leur travail, mais en reconnaissant qu'il n'est pas rare de rencontrer à la fois et dans le même lieu, de ces hachettes de bronze grossièrement faites, pouvant à cause de cela, être supposées contemporaines de celles de silex des temps primitifs, et d'autres du même métal, dont les formes élégantes et le travail supérieur semblent devoir appartenir à une civilisation bien plus avancée (*).

Il est par conséquent bien difficile, de déterminer exactement, les époques précises de l'usage de ces différentes sortes d'armes ou d'instruments, et il convient d'attendre, que de nouvelles découvertes viennent fournir des renseignements plus complets sur cette intéressante question.

Une grande partie de ces derniers objets, provient également du legs Jouannet. Le savant et généreux donateur, a publié en 1823, dans la *Revue d'Aquitaine*, une notice sur ces armes de pierre et de bronze. Ce judicieux travail est encore aujourd'hui ce qui a été écrit de plus vrai sur ce sujet, et M. de Caumont, l'infatigable et ardent apôtre de la science archéologique, en adopte et reproduit les termes principaux, dans son cours d'antiquités monumentales.

Les armes ou ustensiles de bronze n'étaient pas susceptibles d'un bon usage; leur tranchant ne pouvait être plus dur que ne le comporte la proportion de l'alliage ; quelques traces de recrouissage ou battage à froid, prouvent que ce moyen était employé pour l'améliorer. La croyance dans l'emploi de procédés perdus aujourd'hui, et à l'aide desquels les anciens donnaient au bronze la dureté du fer, ne doit plus être admise, des expériences sérieuses ayant depuis fort longtemps fait rejeter cette supposition. C'était donc seulement, à cause des facilités qu'offre ce métal pour la fusion, qu'il était alors généralement employé.

Les armes en fer, bien supérieures sous tous les rapports, étaient en usage chez les Romains, plusieurs auteurs en parlent et des découvertes nombreuses faites surtout en Angleterre, viennent le confirmer. Soit le hasard ou la difficulté de la conservation, notre pays n'a pas encore fourni d'armes en fer, qui puissent être avec certitude considérées comme appartenant à l'époque romaine. Une lacune existe ainsi dans la collection.

Il se trouvait au dépôt d'antiques, et sans indications certaines, quelques débris d'armes presque détruits, inscrits comme gaulois et romains; les premiers ont été facilement reconnus pour être les restes de deux serpes de guerre du XVme siècle (n. 272 et 273). Les autres, c'est-à-dire les fragments oxidés d'un fort coutelas et d'une lance (n. 166 et 167), pouvaient être supposés romains, ainsi qu'une forte agrafe ou boucle de ceinturon en bronze argenté avec cabochons (n. 168), ayant sans doute la même origine. Mais

(*) Voir dans le Recueil des actes de l'Académie de Bordeaux de 1859, tome 3, page 81, le rapport de M. le vicomte A. de Gourgues, sur les objets de ce genre, récemment découverts.

M. l'abbé Cochet, inspecteur des monuments historiques de la Seine-Inférieure, ayant bien voulu en 1856, faire don au Musée d'une série d'armes franques, il a été facile alors de fixer l'âge de nos débris. Leur analogie parfaite avec les armes découvertes par M. l'abbé Cochet, dans les fouilles des cimetières mérovingiens de son département, et décrites et gravées dans ses publications, est venue certifier l'existence dans nos pays, de sépultures de cette époque. Il est regrettable qu'il n'ait pas été pris note des circonstances de leur découverte. C'est donc la généreuse initiative de M. l'abbé Cochet qui seule jusqu'à présent a doté notre Musée d'un nombre suffisant d'armes authentiques assez conservées, pour bien faire connaître l'armement complet des guerriers des premières temps de la monarchie française.

Les armes en usage chez les différents peuples de l'Europe, à partir du commencement du moyen-âge, sont plus faciles à classer, les documents ne manquent plus. Les manuscrits, les sceaux et monnaies, les tapisseries, tableaux et gravures anciennes, en offrent des représentations exactes, les collections publiques et privées en possèdent d'authentiques, et elles sont reproduites dans une grande quantité d'ouvrages, publiés à diverses époques et en divers pays; il devient alors possible de donner à chacune d'elles, le nom qui lui est propre, et de bien fixer l'époque, à laquelle elle appartient.

Le Musée possède: quelques armes ou fragments d'armes tranchantes, plusieurs éperons et étriers, trouvés aux environs de Bordeaux. Ces divers objets rappellent les luttes de l'époque de la domination anglaise dans la Guienne. Dans quelques localités voisines, il a été trouvé et presque aux mêmes places, des armes des XIVme, XVme et XVIIme siècle. Cela s'explique facilement, tous les châteaux de ce pays, ayant été pris et repris à des époques différentes, il est fréquent de retrouver, surtout dans les fossés ou cours d'eau, les armes des soldats de Duguesclin avec celles des troupes du duc d'Epernon et de leurs adversaires.

Le Musée ne renferme aucune arme défensive très ancienne; on y remarque seulement : une brigandine du XVme siècle, formée de lames d'acier, superposées et clouées sur toile, pouvant se mettre entre les étoffes d'un vêtement de guerre de soldat, et remplacer ainsi la cotte de mailles, dont le prix devait être très élevé.

Au sujet de ce genre d'armure il est nécessaire de signaler une erreur qui se trouve dans quelques catalogues; à savoir que les mailles ou anneaux dont elles sont formées sont soudés. Il n'en est rien, du XIIme au XVIIme siècle on s'en est servi en Europe, quelques peuplades d'Asie en font encore usage, et pendant cette longue période, les procédés de fabrication n'ont pas dû varier. De nombreux fragments de toutes les époques, examinés avec soin, ont fourni la preuve qu'ils étaient faits d'anneaux simplement rivés.

C'est ordinairement par un crochet rectangulaire pris dans l'épaisseur de l'une des extrémités et traversant l'autre, ou par un rivet qui passe dans les deux, qu'on parvenait à les fixer. La soudure dans certaines parties eût été impossible; mais ce qui a pu y faire croire c'est que l'oxide et le frottement viennent presque toujours en offrir l'apparence. Les trois pièces de ce genre qui se trouvent dans le Musée, sont des XVIme et XVIIme siècles.

Les pièces de cette époque sont ici comme partout, les plus nombreuses, environ soixante pertuisanes, hallebardes, fourches ou couteaux de brèche et autres armes d'hast de formes variées dont plusieurs richement gravées et ciselées, une nombreuse suite d'épées, dagues et poignards, et enfin, les arbalètes, mousquets, arquebuses, pistolets à mèche et à rouets et généralement toutes les armes et accessoires de cette époque y sont représentées et rappellent par l'élégance des formes et la délicatesse de l'ornementation, le goût introduit en France par les artistes italiens de la renaissance.

Une très belle selle d'armes en fer, garnie de velours, quelques armures, casques, boucliers, disposés en trophées, méritent d'être mentionnés.

Une des parties les plus intéressantes de la collection, celle des bouches à feu, est représentée par plusieurs pièces, pouvant faire connaître quelques uns des premiers systèmes, et donner l'idée des progrès faits en artillerie.

Depuis l'application des effets de la poudre aux bouches à feu, il a été publié un grand nombre d'ouvrages sur cette matière; parmi les plus récents, il en est qui en résumant les précédents, ont l'avantage, par des descriptions claires et des figures exactes, de procurer au plus grand nombre les connaissances suffisantes pour apprécier les principaux procédés et essais faits jusqu'à ce jour.

Deux descriptions, extraites du traité théorique et pratique du colonel Piobert, se rapportent aux pièces de la collection n. 476 et 477. La première est une bombarde du XVme siècle, faite de barres de fer longitudinales, soudées à l'extrémité antérieure d'un canon court en fer forgé; la deuxième, est une culasse ou chambre, partie postérieure d'un canon en fer forgé de la même époque. Elle se réunissait à la volée, par le moyen de l'affût, forte pièce de bois dans laquelle les deux parties étaient encastrées à moitié, et reliées par des bandes de fer. Ces pièces furent abandonnées, lorsqu'on pût les faire d'un seul morceau, en employant les métaux fusibles.

Il s'y trouve également, sous les nos suivants :

No 478, un long canon à boîte en fer, forgé à viroles, avec une longue queue à bouton. Cette curieuse pièce provenant de la collection Durand, a été trouvée à La Teste. Cette circonstance et la forme du chandelier à fourche qui la supporte, peuvent faire pen-

ser, qu'elle servait à bord de quelque navire ou galère du XVIme siècle, naufragé ou désarmé sur cette partie de nos côtes.

Ses dimensions sont les suivantes :

Longueur totale.	3,20
Id. de la volée.	1,78
Id. de la boîte.	0,45
Calibre.	0,07

Poids : 220 kilog. environ.

Le n° 479, est un canon de la même époque et du même système, dont le chandelier également à fourche supporte les tourillons fixés sur une bride mobile, retenue entre deux fortes moulures soudées sur la pièce. Ses dimensions sont :

Longueur totale.	2,00
Id. de la volée.	1,58
Id. de la boîte.	0,35
Calibre.	0,04

Poids : 58 kilog.

Le n° 480, canon à boîte, a été dragué dans la Garonne devant Bordeaux. Cette pièce d'un travail très grossier, est supportée sur un chandelier pareil à celui de la précédente.

On s'en servait à bord des navires au XVIme et XVIIme siècles.

Dimensions :

Longueur totale.	0,74
Id. de la volée.	0,54
Id. de la boîte.	0,12
Calibre.	0,05

Poids : 25 kilog.

Les n°s 481 à 483 sont les boîtes dont on se servait pour les pièces précédentes; elles sont de dimensions différentes et en fer forgé.

Le n° 488 est une arquebuse ou canon à croc de rempart très ancien.

Le n° 485 est une pièce longue et de très petit calibre en fer forgé, dont le travail est très soigné. Le tonnerre est à huit pans, et à partir des tourillons la volée est divisée par des moulures placées à distances égales. Elle se termine par un bourrelet à cordon ciselé.

Le n° 486 est une petite pièce à croc en fonte de fer très courte, dont l'âme et les formes extérieures sont rectangulaires. Elle se termine en arrière, par une douille dans laquelle était fixée une forte hampe de bois.

Le n° 484 est une partie d'un ancien canon à viroles en fer forgé; le mode d'assemblage avec celle qui manque ne peut guère être indiqué.

Le n° 487 modèle en bronze 1/4 grandeur, est celui du triple canon inventé vers 1704 par un religieux italien. Cette pièce est décrite et gravée dans la *Milice Française*, du père Daniel, et dans plusieurs ouvrages d'artillerie. Mais ce modèle offre une disposition intérieure dont ne parlent pas les divers auteurs.

Les chambres, de la longueur de trois calibres environ, sont formées par des cylindres en fer, introduits dans chacune des trois âmes. Ils sont percés de part en part, et portent de profondes rayures dont les angles sont arrondis, une vis ou rivet sortant sur la bande de culasse sert à les maintenir.

L'affût en bois porte sur deux rouleaux à têtes ferrées avec ouvertures pour passer les barres.

Les nos 581 et 582 sont des boulets de pierre dure de différentes dimensions provenant du Château-Trompette. L'un d'eux du diamètre de 0,76 pèse 515 kilog. L'existence des bouches à feu pouvant lancer des boulets pareils ne peut être mise en doute (*), mais il est plus probable que ces énormes projectiles ont été faits pour le service des trébuchets, espèces d'engins dont on s'est servi avant et longtemps après l'invention des bouches à feu

Le snos 583 à 588 dont les dimensions varient de 0,45 à 0,11, ont été recueillis en 1856 dans la maçonnerie d'une portion du Fort du Hâ, où ils étaient employés comme matériaux. Il en existe de pareils sur divers points du département : à Blanquefort, au château de Benauge, etc. Ils paraissent tous faits de même qualité de pierre, sauf le no 583 qui est taillé dans une espèce de grès rouge siliceux, plus dur que le calcaire à coquilles de nos pays.

On trouve dans Baurein (*Variétés Bordeloises*); que lorsque les troupes du roi d'Angleterre, réunies à celles de la Ville de Bordeaux, furent faire le siège du château de Budos, en 1421; elles emmenèrent par eau une énorme bombarde appartenant à la Ville et pour laquelle on faisait à Podensac des boulets de pierre d'un poids énorme, que cet auteur dit plus loin avoir vus au Château-Trompette, en 1785.

Il pourraît donc, parmi ceux que possède le Musée, s'en trouver quelqu'un de ceux destinés au grand canon de la Ville de Bordeaux dont il est si souvent question dans les registres de cette époque; à part cela, ils n'en sont pas moins de curieux spécimens, des moyens alors employés dans l'attaque et la défense des places fortes.

La description des machines et l'histoire de l'emploi des boulets de pierre se trouve dans les œuvres de Napoléon III et dans le dictionnaire raisonné d'architecture de M. Viollet-le-Duc.

L'importance de la science de l'artillerie, les études et les expériences qu'elle a nécessités depuis son origine, ont amené la publication d'excellents ouvrages, où ainsi qu'il a été dit plus haut, il est aisé de se renseigner pour ce qui concerne les armes à feu; il n'en est pas de même pour les autres, par leur nombre, par la variété de leurs formes, par les modifications que l'usage ou les

(*) Voir au Musée d'artillerie les débris des bombardes anglaises de Meaux n. 2798 à 2800 et le traité d'Artillerie cité plus haut p. 132.

habitudes de ceux qui s'en sont servi ont dû leur faire éprouver, par l'état enfin dans lequel elles se trouvent, elles offrent souvent de sérieuses difficultés d'appréciation. Aussi, à part les armures pour l'étude desquelles il existe plusieurs bons ouvrages en différentes langues, la grande quantité d'armes de tout genre dont on a pu faire usage en tous temps et en tous pays, n'a pas encore été l'objet d'un travail aussi complet que ceux publiés sur d'autres matières.

Ceux entr'autres de MM. de Laborde et Brongniart sur les émaux et bijoux et sur la céramique, font désirer qu'une publication analogue sur les armes vienne faire bien connaître et répandre le goût de l'étude de cette partie si intéressante de l'archéologie.

Il est bien certain que les armes sont une des choses qui parlent le plus à notre imagination. Elles ne se présentent jamais à nous sans éveiller des souvenirs, et faire naître des idées d'un ordre très élevé; liées d'une manière intime aux grands événements, à nos succès, à nos revers, elles rappellent et font surgir les grandes figures des personnages célèbres de notre histoire, dont elles sont contemporaines, et à qui nous sommes souvent tentés de les attribuer.

Elles sont aussi devenues indispensables aux artistes; il ne leur est plus permis aujourd'hui de se tromper dans leur emploi comme accessoires, et ce n'est pour la plupart d'entr'eux, que dans les collections publiques, qu'elles peuvent être étudiées

Enfin, dans le travail de leur fabrication, l'industrie peut aussi quelquefois, retrouver la trace de procédés perdus, et souvent se rendre compte de ceux employés à des époques très éloignées de nous.

A ces différents points de vue, il est permis de dire que le Musée d'armes est d'utilité générale, et on doit saisir avec empressement toutes les occasions de le compléter.

A part les armes anciennes et d'Europe, la même salle renferme plusieurs grands trophées, disposés avec les 180 pièces formant l'ensemble du don remarquable, fait à la Ville, par M. Alcide Cayrou, adjoint de Maire, avec celles de la collection Durand, de quelques dons particuliers, et d'autres provenant du Cabinet d'histoire naturelle, le tout pouvant plus tard former une série spéciale, classée par ordre géographique, et également intéressante à étudier. Une certaine quantité d'armes en basalte des anciens Caraïbes, données par M. Grellet-Balguerie, en formerait le commencement et les rapports commerciaux établis entre Bordeaux et les contrées les plus éloignées du globe, permettraient de lui donner de l'importance en très peu de temps.

Le Musée possède aussi : mais en petit nombre encore, les armes ayant appartenu à quelques unes des illustrations militaires de notre pays. Les familles qui ont bien voulu les donner, ont pensé avec raison que nulle part elles ne pouvaient être mieux placées. Il serait à désirer que leur exemple fut suivi et vienne ainsi augmenter cette précieuse catégorie.

En attendant que la réalisation des projets de l'Administration Municipale vienne permettre d'organiser d'une manière définitive le Musée d'antiques de la Ville de Bordeaux, comprenant tout ce qu'il semblerait utile et intéressant d'y rassembler, il a dû être disposé une nouvelle salle, pour contenir les meubles provenant de la collection Durand. En y réunissant ce que possédait déjà la Ville, il a été possible de mettre immédiatement à la disposition de l'étude, et d'offrir à la curiosité un commencement de collection susceptible de rendre à Bordeaux une partie des services obtenus à Paris et ailleurs par la création des Musées de ce genre.

Indépendamment de leur caractère d'utilité au point de vue de l'étude des styles et des formes, la plupart des objets d'art et d'industrie qui s'y trouvent exposés, proviennent de la localité. Les poteries gallo-romaines ont été trouvées dans le cimetière de Terre-Nègre à Bordeaux, plusieurs des meubles ont orné les résidences des environs, quelques uns des autres objets différents ont appartenu ou ont été donnés par des souverains, notamment l'ostensoir en pierres taillées, monté en or émaillé, donné dit-on, par la reine Catherine de Médicis, aux Chartreux de Bordeaux, et l'écritoire de voyage du roi Louis XIII, en cuir gauffré, avec garnitures en cuivre doré, très riche et très beau spécimen de ce genre de travail, perdu ou dérobé probablement lors du mariage de ce monarque à Bordeaux en 1615.

Il s'y trouve aussi plusieurs croix très remarquables, reproduites pour la plupart dans l'excellent travail publié par M. Léo Drouyn; quelques émaux, ou autres pièces d'orfévrerie de diverses époques, et les principales pièces de maîtrise ou chefs-d'œuvre des anciens maîtres serruriers de Bordeaux, dont les difficultés et le mérite d'exécution, témoignent de leur talent, et de l'importance de cette profession, au siècle dernier.

Cette Notice et le Catalogue suivant, ne doivent être considérés que comme devant répondre aux besoins du moment. Plus tard il faut l'espérer, lorsqu'un local plus favorable permettra de réunir et de disposer d'une manière plus convenable les divers objets de tous genres, constituant un véritable Musée d'antiques, cette partie essentielle des collections de la Ville, complétée par une publication digne de son importance, viendra contribuer à placer enfin notre cité, au rang élevé qu'elle doit et peut facilement occuper.

J. A. LABET,

Conservateur.

CATALOGUE

ARMES D'EUROPE

ÉPOQUE ANTÉ-DILUVIENNE

1 et 2 — Haches de silex, brutes.

3 — Lance de silex, brute.

Ces trois pièces données en 1859, par M. Boucher de Perthes, président de la société Impériale d'émulation du département de la Somme, ont été recueillies de 1844 à 1854, avec des ossements fossiles de divers animaux, dans les bancs de diluvium, de Saint-Acheul-les-Amiens et Menchecourt-les-Abbeville, à 10 mètres au-dessous de la superficie du sol.

ÉPOQUE CELTIQUE (*)

4 à 14 — Haches en silex, brutes.

15 à 67 — Haches, ou fragments de haches polies, en pierres dures d'espèces différentes, de formes et dimensions variées.

Les nos 45 à 51, portent les traces de réparations.

68 à 82 — Lances ou dards en silex.

83 à 85 — Couteaux entiers en silex.

(*) Une grande partie des pièces de cette série portent l'indication des lieux où elles ont été recueillies.

86 à 92 — Fragments de couteaux en silex.

93 — Objets en silex taillés, dont l'usage ne peut être indiqué?

94 — 60 Pointes de flèches, en silex et autres pierres dures

95 — 65 Pointes de flèches, pareilles aux précédentes. Cette curieuse série, provient de la collection Durand.

96 — Poignard en silex, trouvé dans un tumulus, en Suède.

97 — Pierre de fronde ?

98 — Groupe de 21 pièces, haches brutes, lances, couteaux et autres objets en silex, recueillis en Périgord et donnés en 1859, par M. le vicomte A. de Gourgues, membre de l'Académie des Sciences et Arts de Bordeaux.

99 — Groupe de 21 pièces en silex, brutes et polies et de diverses formes, provenant des tourbières de la Somme et de la surface du sol.

Don de M. Boucher de Perthes, en 1859.

ÉPOQUE GAULOISE OU GALLO-ROMAINE

100 à 139 — Hachettes ou instruments en bronze, de formes variées, provenant des collections Jouannet et Durand.

Les nos 104 à 106 ont été données par M. Trabut-Cussac fils en 1856.

140 à 146 — Javelots en bronze.

Les nos 145 et 146 ont été trouvés à Izon (Gironde).

147 et 148 — Fragments de javelots en bronze.

Trouvés à Izon (Gironde).

149 et 150 — Doigtiers en bronze, pour tirer l'arc.

151 et 152 — Pointes de flèches en bronze.

Le nº 152 a été donné en 1854, par M. Lacène, capitaine, commandant la garde municipale.

153 — Fragments de glaives en bronze.

Trouvés à Izon (Gironde).

154 — Poignard en bronze, lame brisée.

155 et 156 — Fragments de poignards en bronze (Izon).

157 et 158 — Masses d'armes en bronze. (douteuses).

159 — Glaive (imitation).

160 — Poignard (imitation).

161 à 164 — Lances et javelots (imitations).

165 — Meules de campagne?

ÉPOQUE FRANQUE

166 — Débris oxidé d'un coutelas.

167 — Fer de lance oxidé.

168 — Agrafe de ceinturon, en bronze argenté, avec ornements gravés et cabochons.

Les nos 166 à 168 proviennent du Musée des Antiques, sans désignation d'origine.

169 — Umbo de bouclier, en fer oxidé, garni de pièces de bronze.

170 — Hache, ou francisque.

171 à 173 — Couteaux ou scramasaxes.

174 à 176 — Fers de lances.

Les nos 169 à 176, ont été donnés en 1856, par M. l'abbé Cochet, inspecteur des monuments historiques de la Seine-Inférieure.

MOYEN-AGE ET ÉPOQUES SUIVANTES

ARMES DÉFENSIVES

177 à 179 — Cottes de mailles, armures faites de petits anneaux de fer, entrelacés et rivés, XVe et XVIe siècles.

180 — Brigandine, armure faite de plaques d'acier, superposées et clouées sur une forte-toile, XVIe s.

181 et 182 — Fragments de brigandines.

183 — Cuirasse cannelée, partie d'une armure allemande, XVIe s.

184 — Armure de fantassin, noire et blanche, XVIe s.

185 et 186 — Corselet et morion gravés, XVIe s.

187 et 188 — Plastrons de cuirasses.

189 — Armure complète de cavalier, ornée de clous de cuivre, XVIIe s.

190 Armure noire, XVIIe s.

191 — Cuirasse noire et blanche, XVIIe s.

192 et 193 — Corselets.

194 et 195 -- Pectoraux.

196 — Cuirasse d'enfant, doublée de satin et velours rouges, garnitures découpées en cuivre doré. Cette pièce a dû appartenir à quelque jeune prince du siècle dernier.

197 — Epaulière d'une armure d'enfant, doublée en velours et garnie de mascarons en cuivre dorés, XVIIe s.

198 — Epaulière d'une armure gravée, XVIIe s.

199 — Pédieux d'une très belle armure gravée, XVIe s.

200 et 201 — Gantelets.

202 — Armure de cheval.

203 — Chanfrein d'une armure de cheval.

204 — Fragments d'armures.

205 — Selle d'armes, recouverte en fer et garnie de velours et de franges de soie, XVIe s.

206 — Jaque, pièce d'armure qui servait à garantir la partie inférieure du corps, XVIe s.

207 — Casque allemand, salade à visière mobile, XVe s.

208 — Casque très lourd, XVIe s.

209 — Casque poli, XVIe s.

210 à 212 — Casques à masques, XVIe s.

213 — Masque de fer, XVIe s.

214 — Casque, XVIe s.

215 — Casque gravé et damasquiné d'or, avec ornements repoussés, XVIe s.

Achetés à la vente Soulages, à Toulouse.

216 et 217 Casques de tranchée, XVIe s.

218 — Morion très lourd, doublé à l'intérieur, XVIe s.

219 — Morion, oxidé, XVIe s.

220 — Casque cannelé, avec le chiffre 1604, découpé dans la visière.

221 — Casque cannelé, XVIIe s.

222 — Cervellière à quatre quartiers, articulés et découpés à jour, XVIIe s:

223 — Calotte de mailles, XVIIe s.

224 à 226 — Morions de piquiers, XVIIe s.

227 — Coiffure de fantassin, garnie de pointes mobiles.

Donnée en 1856, par M. Gautier Lagardère.

228 — Timbre oriental, garni de mailles, et portant une inscription et des ornements damasquinés d'or, XVIIe s.

229 — Bouclier allemand en cuir bouilli, couvert d'ornements dorés, et d'un riche écusson à lambrequins, en partie effacé, XVIe s.

230 — Rondache en fer gravé, ombilic à pointe. Le champ est partagé par quatre bandes, entre lesquelles sont autant d'écussons armoriés, XVIe s.

231 — Rondache écossaise en fer poli, avec ornements repoussés, XVIIe s.

232 — Etrier en fer oxidé, trouvé à Belin (Gironde), dans les fouilles du château dit de la reine, XIVe s.

233 — Etrier en fer percé à jour, XVIe s.

234 et 235 — Eperons en fer oxidés, XIVe s.

Le n° 234, a été donné par M. Boyer chanoine.

236 et 237 — Eperons en fer oxidés, XVe s.

238 — Eperon en fer, XVIe s.

239 — Eperons en fer dorés, XVIe s.

240 — Eperon en fer, gravé et damasquiné d'or, XVIe s.

241 — Eperon en fer ciselé, molette à fleurons découpée à jour, fin du XVIe s.

Donné en 1855, par M. Sermensan, propriétaire.

242 à 247 — Eperons en fer; quelques uns sont ciselés et découpés à jour, XVIIe s.

248 — Eperons en fer, très ornés et découpés à jour, XVIIe s.

249 — Eperon en fer découpé, XVIIe s.

250 — Eperons espagnols, ciselés et découpés à jour, avec appliques d'argent et de cuivre gravées, XVIIe s.

251 — Eperon espagnol gravé, XVIIe s.

252 — Eperon en fer, à grande boucle, fin du XVIIe s.

253 — Eperon en cuivre à chaînettes.

254 et 255 — Mors à gourmettes, XVIe s.

Le n° 255, a été donné en 1857, par M. Chaventon, serrurier.

256 — Mors, provenant du château de Cadillac, XVIIe s.

Donné en 1858, par M. Achille Péry, caissier du Mont-de-Piété.

ARMES OFFENSIVES DE MAIN

257 et 258 — Fléaux d'armes, en bois garnis de lames et de pointes de fer, XVe s.

259 et 260 — Fouets d'armes, ou scorpions à boules garnies de pointes de fer, XVe s.

261 — Masse d'armes en fer, manche creux, XVIe s.

262 — Masse d'armes légère en fer, manche plein, XVIe s.

263 — Marteau d'armes, chevronné d'argent, manche couvert en velours et garni de clous de cuivre, XVIe s.

264 — Grande hache à deux mains, modèle du XVe s.

265 — Hache, lame mince et à longue douille, trouvée à Rauzan (Gironde), XVIe s.

266 — Petite hache d'armes.

ARMES D'HAST

267 — Couteau de brèche, en forme d'épieu, lame épaisse et longue de 0,82, avec forte rondelle à la base. Il reste une partie des ferrures de la hampe, XVe s.

Cette arme a été trouvée dans la Garonne, en 1835.

268 — Couteau de brèche, travail grossier, XVe s.

269 — Couteau de brèche, XVIe s.

270 et 271 — Serpes de guerre, XVIe s.

272 et 273 — Serpes de guerre, débris oxidés d'armes semblables aux précédentes.

274 — Pertuisane, avec forte hache et fer quadrangulaire, XVe s.

275 — Pertuisane, avec croc et marteau à quatre pointes, XVe s.

276 — Masse d'armes à deux mains, avec lame plate; espèce de pertuisane, XVIe s.

277 — Hallebarde à lame carrée, très longue, ailes formant croc et hache triangulaire, XVe s.

278 — Hallebarde, travail grossier, XVe s.

279 — Hallebarde, lame carrée très longue, ailes formant croc et hache en croissant, XVIe s.

280 — Hallebarde gravée, presque semblable.

281 — Hallebarde, lame carrée, ailes gravées, XVIe s.

282 — Hallebarde, lame carrée, boule à moulures à la base, ailes formant croc et hache à trois croissants.

Elle porte un poinçon formé des lettres P D et d'une boule à marteau, XVIe s.

283 — Hallebarde gravée, lame carrée avec boule pleine, ailes formant croc et hache, découpés à jour et portant le même poinçon que le n° 282.

284 — Hallebarbe gravée, lame carrée, ailes formant croissant et croc à trois pointes. Il reste une portion de la hampe garnie de velours et de clous de cuivre, XVIe s.

285 — Hallebarde presque semblable, mais à lame plate, avec boule à quillons à la base.

286 — Hallebarde en forme de lance, avec doubles crochets, XVIe s.

287 — Forte hallebarde, lame carrée, ailes formant croc et hache, XVIe s.

288 — Hallebarde lame carrée à boules, ailes formant croc et hache à double croissant, XVIe s.

289 — Hallebarde lame carrée, ailes d'une forme différente, XVIe s.

Donnée en 1854, par M. Adrien Maître, secrétaire de la Ville.

290 — Hallebarde gravée, lame plate à côtes et à douille, ailes formant croc et hache, découpés à jour, XVIe s.

291 — Hallebarde lame plate, portant des traces d'incrustations d'or, XVIe s.

292 — Hallebarde ordinaire, lame carrée, XVIe s.

293 — Pertuisane à ailerons renversés, XVe s.

294 — Lance de combat, XVIe s.

295 — Lance courtoise cannelée, XVIe s.

296 — Pertuisane formant trident, lames plates à côtes, XVIe s.

297 — Pertuisane en forme de lance, fer large et épais, XVIe s.

298 — Hallebarde à lame plate, travail grossier, XVIe s.

299 — Hallebarde gravée, lame plate, ailes formant croissant et becs d'aigles, XVIe s.

300 — Hallebarde, lame carrée, ailes en croc et croissant découpés à jour, XVIe s.

301 — Hallebarde, lame carrée, XVIe s.

302 et 203 — Hallebardes lames plates, ailes découpées à jour, XVIe s.

304 — Hallebarde lame plate, avec boules à moulures à la base, ailes gravées et découpées à jour, hampe cannelée et garnie de clous de cuivre, XVIe s.

305 — Hallebarde lame plate, ailes formant croc et hache demi-ronde et découpée à jour, XVIe s.

306 — Hallebarde lame carrée, ailes formant deux aigles, ciselées et découpées à jour, douille avec crochet à bec d'oiseau, XVIe s.

307 — Hallebarde gravée, lame plate avec boules à moulures, ailes en croc et croissant découpés à jour, XVIe s.

308 — Hallebarde ciselée, lame carrée à boules pleines, ailes découpées à jour, XVIe s.

309 — Hallebarde lame plate, avec boule évidée, figures et mascarons ciselés, ailes gravées et découpées à jour, XVIe s.

310 — Hallebarde lame carrée, à boule évidée, avec figures ciselées et ailes découpées à jour, XVIe s.

311 et 312 — Hallebardes du même genre.

313 — Hallebarde avec figures ciselées, lame carrée avec boule en tulipe, ailes découpées à jour, XVIe s.

314 — Pertuisane gravée, lame plate à côtes, ailes découpées. Elle porte les écussons de Saxe, XVIe s.

315 — Hallebarde lame carrée, avec forte boule, XVIe s.

316 — Hallebarde lame carrée, ailes découpées à jour, XVIe s.

317 — Pertuisane, lame gravée à côtes, hampe garnie d'un galon en spirale et de clous fleuronnés, XVIe s.

318 à 323 — Pertuisanes du même genre.

324 — Pertuisane lame plate, ailes découpées, XVIIe s.

325 et 326 — Hallebardes, lames plates, XVIIe s.

327 — Petite hallebarde, lame plate découpée, XVIIe s.

328 — Pertuisane ou esponton ciselé, formant soleil. Epoque de Louis XIV.

329 — Esponton avec crochet, XVIIe s.

330 — Esponton gravé, XVIIe s.

331 — Esponton sur lequel sont gravées les lettres AR entrelacées, avec médaillons et ornements, XVIIe s.

332 et 333 — Espontons, XVIIe s.

334 — Hallebarde riche, lame plate, à côtes, découpée à jour et dorée, XVIIe s.

Donnée en 1854, par M. Fortuné Beaucourt.

335 — Lance à lame plate, avec doubles serpentins porte-mèches, XVIIe s.

336 — Débris d'une lance à doubles canons de pistolets, par Léonard, à Saint-Etienne.

337 — Fourche d'armes à trois branches, dont une avec crochet, XVIIe s.

338 — Fourche d'armes, à doubles crochets, à

peu près semblable à celles qui étaient portées par les sous-officiers de grenadiers, de l'ancien régiment Dauphin, à la suite d'une action d'éclat au siège de Mons en 1691 (*).

339 — Hallebarde fourche, à trois pointes, XVIIe s.

340 — Petite hallebarde à fourche, dont la lame découpée à jour, forme deux serpes et une corde, la douille à pans porte des traces de dorures, XVIIe s.

341 et 342 — Hallebardes, lames plates à côtes et découpées, hampes garnies de clous et talons en cuivre, XVIIe s.

343 à 345 — Hallebardes, XVIIe s.

346 — Hallebarde dont la lame porte l'écusson de Lyon et le nom de DESCREVX, XVIIe s.

347 — Hallebarde en forme de lance à boule, XVIIe s.

348 — Lances, imitations, XIIIe s.

349 — Petite lance de fanon ciselée et dorée.

350 — Lance de drapeau avec glands, 1793.

351 à 353 — Piques, 1793.

ÉPÉES

354 — Epée oxidée, longue de 1,23, pommeau plat et lourd. Sur l'un des côtés de la lame, est une croix pattée, incrustée en or dans un cercle du même métal; sur l'autre un S également incrustée, XVIIe s.

(*) Catalogue du Musée d'artillerie, page 65.

355 — Epée moins grande de la même époque.

356 — Poignée et portion de lame d'une épée, XVe s.

Trouvée à Rauzan (Gironde).

357 et 358 — Débris d'armes très anciennes, tranchantes d'un seul côté.

359 — Epée à quillons droits, XVe s.

Donnée en 1854, par M. Adrien Lopes Dias, agent de change.

360 — Epée allemande, lame large et dont la pointe très aigüe est renforcée sur l'épaisseur, poignée en fer à moulures, XVIe s

361 — Epée gravée, XVIe s.

362 — Estoc, poignée à longs quillons droits, travail d'une légèreté remarquable. La lame est longue de 1,35, XVIe s.

363 — Estoc, dont la lame est longue de 1,35, XVIe s.

364 — Espadon à deux mains, quillons droits, XVIe s.

365 — Epée à deux mains, lame large, quillons recourbés en sens inverse, XVIe s.

366 — Epée suisse à deux mains, lame flamboyante de 1,95 de longueur, poignée garnie de velours et de franges, XVIe s.

Donnée en 1854, par M. T. B. G. Scott, consul de S. M. Britannique.

367 — Epée à deux mains, lame flamboyante, quillons ciselés et gravés, poignée garnie de cuir et de clous fleuronnés, XVIe s.

368 — Epée à deux mains, lame droite, sur

les deux côtés de laquelle sont gravées les inscriptions suivantes :

VIRTVTI FORTVNA COMES INRI 1533. IN VALENTIA PETRVS ME FECIT, et deux figures de la Vierge avec ASSVMPTA EST MARIA, au bas.

369 — Forte épée, garde en fer compliquée, XVIe s.

370 — Belle épée à lame plate, poignée en fer, cannelée, XVIe s.

371 — Epée dont la poignée en fer, à pans, est entièrement gravée et damasquinée d'argent, lame à gouttières de Tolède, XVIe s.

372 — Epée ciselée, en très mauvais état, lame de Tolède, XVIe s.

373 — Epée, lame très mince, XVIe s.

Trouvée dans la rivière à Nérac, (Lot-et-Garonne).

374 — Epée, lame à gouttières, XVIe s.

375 — Epée à lame plate, XVIe s.

376 — Epée courte, de chasse, poignée en fer, sur la lame sont gravées trois têtes de maures et *Damasco*, 1563.

377 et 378 — Epées à coquilles en fer, à jour, XVIe s.

379 — Epée, poignée ciselée et à jour, XVIe s.

Donnée en 1854, par M. Fauré, adjoint de maire.

380 et 381 — Poignées et tronçons d'épées, XVIIe s.

382 — Epée, lame de Tolède, XVIIe s.

383 — Epée, lame plate et large, tranchante

d'un seul côté, poignée formant coquille, avec quillons ciselés, à boules, XVIIe s.

384 et 385 — Epées de piquiers, lames plates de Sahagun, XVIIe s.

386 — Epée, poignée à quillons recourbés, XVIIe s.

387 — Epée espagnole, XVIIe s.

Donnée en 1854, par M. Feytit, adjoint de maire.

388 — Epée espagnole, XVIIe s.

389 et 390 — Claymores, XVIIe s.

391 — Rapière espagnole, XVIIe s.

392 — Epée, poignée en fer à médaillons grossièrement ciselés, lame d'Anthonio Pichinino de Tolède, XVIIe s.

393 — Epée à lame carrée très mince, poignée à quillons droits, avec boules ciselées, XVIIe s.

394 — Epée, poignée en fer, avec ornement damasquinés d'argent; sur la lame est gravé l'inscription : SOLI DEO GLORIA, XVIIe s.

395 — Epée fourrée ou en bâton, portant la même inscription que la précédente.

Donnée en 1854, par M. J.-B. Ernest Jarausse.

396 et 397 — Fragments d'épées, XVIIe s.

398 — Epée de chasse, poignée couverte d'incrustations d'argent en relief, lame à dos cannelé, XVIIIe s.

399 — Epée ordinaire du même genre.

400 — Grande colichemarde, épée de combat

dont la lame est très large et triangulaire, garde à coquille en fer percée à jour, XVIIIe s.

Donnée en 1854, par M. Labet.

401 — Epée, garde à coquille en fer, percée à jour, lame à dos ondulé, XVIIIe s.

402 à 404 — Epées du même genre.
Les n°s 492 et 403 sont dorées.

405 — Epée pareille avec lame de Tolède.

406 et 407 — Epées richement ciselées et damasquinées d'or, très beau travail du temps de Louis XV.
Le n° 407 a été donné en 1854, qar M. Alcide Cayrou, adjoint de maire.

408 — Epée, dont la poignée en cuivre forme palmier.

409 — Epée à facettes en acier poli.
Donnée en 1856, par M. Virgile Léon.

410 — Epée moderne.

411 — Epée, imitation, XIIIe s.

412 et 413— Lames d'épées, XVIIe s.

SABRES

414 — Sabre turc, lame courbe, poignée de corne.

415 — Sabre turc, lame en damas, poignée dorée.

416 — Sabre oriental, poignée en argent doré.

417 — Sabre d'officier supérieur des armées de

la république française. Sur la lame : *Teyssel officier supérieur au 1er régiment de carabiniers.*

Donné en 1854, par M. Adrien Dauzats, artiste peintre.

418 — Sabre des marins de la garde impériale.

Donné en 1854, par M. Lacène.

419 — Sabre de marine, sur la poignée est gravé : *Don de l'amitié de M. l'amiral vicomte Baste.*

420 — Sabre d'officier de marine anglais, poignée et garnitures de fourreau en argent. Sur la lame est un emblême et la devise : UTRIUSQUE AUXILLIO.

Cette arme rappelle une action d'éclat de M. Lasvigne, officier du corsaire de Bordeaux, *la Bellone,* et a été donnée en 1855, par M. Lataste, conseiller municipal.

421 — Sabre des gardes du corps du roi, en 1815.

Donné en 1854, par M. Gautier Lagardère.

COUTEAUX DE CHASSE

422 — Couteau de chasse, lame triangulaire, poignée en fer creux, XVIIIe s.

423 — Couteau de chasse, poignée en ébène, garnie d'argent, XVIIIe s.

424 — Couteau de chasse garni en fer, XVIIIe s.

425 Couteau de chasse, poignée en ivoire garnie d'argent, XVIIIe s.

Donné en 1858, par M. Victor Goubeau.

426 — Couteau de grand veneur, sous Napoléon 1er.

Donné en 1855, par M. Charles Collignon.

427 — Couteau de chasse, se divisant en plusieurs parties, composées d'un grand nombre de pièces.

Il a appartenu au maréchal Oudinot.

428 — Lame de couteau de chasse, sur laquelle sont gravées, les phases principales de l'histoire de Joseph, avec notice en vers latins.

POIGNARDS

429 — Débris d'une arme ancienne.

430 — Poignard, pommeau plat en fer creux, lame tranchante d'un seul côté, XIIIe s.

431 — Poignard à lame courbe, forme de yatagan, portant sur une bande d'argent plaquée sur la poignée : la salutation angélique, en caractères en relief, XIVe s.

432 — Poignard à pommeau plat, XIVe s.

433 — Poignard avec ornements gravés sur la poignée en cuivre, XIVe s.

434 et 435 — Poignards à manche de cuivre gravés, XVe s.

Les nos 430 à 435 ont été trouvés à Rauzan.

436 — Poignard oxidé, XVe s.

437 à 439 — Dagues très fortes et très longues, XVIe s.

440 — Dague, lame à gouttières, percée à jour, XVIe s.

Donnée en 1854, par M. Labet.

441 — Dague, poignée en fer ciselé, XVIe s.

442 à 444 — Dagues, XVIe s.

Trouvées à Rauzan.

445 — Dague à lame flamboyante, XVIe s.

446 — Dague, poignée à quillons ciselés en volutes, XVIe s.

447 — Dague à quillons ciselés, XVIe s.

448 — Petite dague, XVIe s.

449 — Poignard, manche en bois, XVIe s.

450 — Poignard, manche en ivoire sculpté, XVIe s.

Donné en 1854, par M. Castéja, adjoint de maire.

451 — Poignard italien, dont la lame et la poignée sont couvertes de figures et ornements damasquinés en argent, XVIe s.

452 — Poignard, avec fourreau en fer repoussé et ciselé, XVIe s.

453 — Poignard, allemand, fourreau en fer repoussé et ciselé, XVIIe s.

454 — Poignard, pommeau plat (imitation), XVIe s.

455 — Epée de main gauche, espagnole, lame longue à chanfreins à zigzags. L'intérieur de la garde est ciselé et découpé à jour, XVIIe s.

456 et 457 — Poignards-bayonnettes espagnols, XVIIIe s.

458 — Poignard turco-allemand, manche fait d'un os sculpté, sur la lame sont incrustés trois croissants d'argent, XVIIe s.

Donné en 1855, par M. Lacène.

459 et 460 — Poignards, origine inconnue.

461 — Poignard lame courbe.

Donné en 1854, par M. Burguet, armurier.

462 — Lame de poignard, XIIIe s.

463 — Lame de poignard, XIVe s.

464 — Lame de poignard, XVe s.

465 — Lame de poignard, XVIe s.

466 — Lame de poignard, XVIIe s.

467 — Petit couteau espagnol, avec ornements en argent incrustés.

468 — Poignard espagnol moderne, de la fabrique de Tolède.

Donné en 1856, par M. Camille Léon.

ARMES DE JET

469 — Belle arbalète avec son cric; sur le fût en ivoire sont gravés de riches ornements et des personnages en costumes du XVe s.

470 — Forte arbalète, à treuil, à double manivelle, fût orné d'incrustations d'os et d'ivoire.

Cette arme complète et d'une grande puissance de jet, à dû être faite au XVIIe siècle sur le modèle et du système de celles de rempart à étrier des siècles précédents.

471 — Arbalète de chasse allemande complète, avec belles incrustations en ivoire gravé, XVIIe s.

472 — Petite arbalète de chasse droite, sur le modèle de celles du XIVe s.

473 — Levier en bois, pour tendre l'arbalète.

474 — Arbalète à jalet, fin du XVIIe s.

475 — Arbalète à jalet, avec mécanisme pour tendre l'arc, XVIIe s.

BOUCHES A FEU

476 — Bombarde, pièce faite de barres de fer, reliées par des cercles et soudées à l'extrémité antérieure d'un canon court en fer forgé, XVe s.

477 — Culasse, partie postérieure d'une pièce en fer forgé, XVe

478 — Canon long, à boîte, en fer forgé à viroles. La chambre mobile où se logeait la charge, se fixait à la pièce par un coin en fer.

Cette pièce a été trouvée à La Teste et peut provenir du naufrage de quelque navire, ou galère du XVIe s.

479 — Canon du même genre que le précédent, mais supporté sur un chandelier différent.

480 — Canon à boîte en fer forgé à viroles, en usage dans la marine, XVIe ou XVIIe s.

Cette pièce trouvée dans la Garonne devant Bordeaux, a été donnée en 1854, par M. Adolphe Charroppin, adjoint de maire.

481 à 483 — Boîtes à charges en fer forgé, pour les pièces du système de celles qui précèdent.

Les n°s 481 et 482 proviennent de Rauzan, et le n° 483 a été donné en 1854, par M. Labet.

484 — Volée d'un canon en fer forgé à viroles, XVIe s.

485 — Pièce longue et de très petit calibre, en fer forgé et à tourillons, XVIe ou XVIIe s.

486 — Petite pièce à croc en fonte de fer, dont l'âme et les formes extérieures sont rectangulaires. Elle se termine en arrière par une forte douille,

dans laquelle était fixée une hampe de bois, XVIIe s.

Trouvée à Rauzan.

487 — Modèle en bronze, 1/4 grandeur, d'un triple canon inventé vers 1704.

Cette pièce est décrite et gravée dans la Milice française du père Daniel, et dans plusieurs autres ouvrages d'artillerie.

ARMES A FEU PORTATIVES

488 — Canon ou arquebuse de rempart en fer forgé, à croc et à queue, XVe s.

489 — Canon de grosse arquebuse à mèche, avec visière à entonnoir ciselé, XVIe s.

490 — Canon d'arquebuse à mèche, XVIe s.

491 — Arquebuse à mèche, XVIe s.

492 — Pétrinal à mèche, espèce d'arquebuse dont la crosse recourbée, est ornée d'incrustations d'os et de nacre, XVIe s.

493 et 494 — Carabines allemandes, de petit calibre, à rouets et à doubles détentes, platines à mécanisme extérieur. Les fûts en forme de pied de biche, sont ornés d'incrustations de nacre et d'ivoire, sur le canon et la platine du n° 493 sont des gravures à fonds dorés, XVIe s.

495 — Carabine à rouet et à double détente, portant la date de 1561.

496 Arquebuse à mèche, XVIe s.

497 — Carabine courte, à rouet, XVIe s.

498 et 499 — Mousquets à mèches, dont les

platines simulant le rouet, portent un écusson aux armes d'Espagne, et la date de 1607.

500 — Mousquet de la même époque avec sou-arde.

501 — Mousquet à rouet, à double détente, canon long portant la date 1614. L'enveloppe du rouet est en cuivre doré et gravé, le fût est orné de médaillons en ivoire.

502 — Grosse arquebuse à rouet, avec un arrêt sur la platine, XVIIe s.

503 — Carabine à rouet et à double détente, fût incrusté d'os ou d'ivoire, XVIIe s.

504 — Carabine à rouet allemande, à double détente, fût très bien sculpté, platine gravée, XVIIe s.

505 à 507 — Carabines du même genre, sur la platine du n° 505 est le nom de C. CUCHER CRONACH. Le n° 507 porte également sur la platine : JOHAN LIMNER, et sur le canon : IN CRONACH, 1718.

508 — Carabine à rouet à détente simple XVIIe s.

509 — Carabine à rouet à double détente, arme très bien faite, XVIIe s.

510 — Espingole à rouet, XVIIe s.

511 — Fusil de rempart à mèche, fût sculpté, le canon carré porte incrusté en cuivre : H. R. S. WILLIAM NOLF DECREN END KONING, 1615.

512 — Fusil à mèche, sur la platine : MAGAZIN ROYAL, XVIIIe S.

513 — Escopette à silex, platine italienne ciselée

et du système intermédiaire, canon incrusté d'argent, XVIIIe s.

514 — Carabine à silex, à double détente, platine avec un arrêt derrière le chien ; sur le fût est sculpté une tête de négresse, XVIIe s.

515 — Grenadier, arme bien faite et gravée, de l'époque de Louis XV, le canon court en bronze, forme un mortier propre à lancer de petites grenades, sur la platine à silex, est le nom de Simon Jourjon.

516 — Fusil à vent, avec sa pompe, XVIIIe s.

517 — Sarbacane, fusil à soufflet, arme ou jouet de faible portée, à double détente, monture sculptée avec ornements découpés en cuivre ; sur le canon à bascule est incrusté d'argent le nom de ROCHUS WASTL IN VIENN, XVIIIe s.

518 — Arme pareille, mais à canon tournant.

519 et 520 Fusils arabes modernes, à silex.

521 — Fusil marocain à silex.

522 — Carabine turque à silex, canon en damas et rubans miné, monture ornée d'incrustations d'os et de cuivre.

523 — Fusil indien à mèche, dont le canon très fort au tonnerre, est cannelé et porte une inscription et des ornements ciselés, monture incrustée d'ivoire.

524 — Fusil indien à mèche, canon en damas très fort et cannelé au tonnerre, avec bout ciselé, monture droite peinte en rouge.

Cette arme paraît être de fabrication anglaise.

525 — Fusil espagnol double, à silex, les canons sont faits de deux pièces seulement, les bandes étant prises dans leur épaisseur.

526 — Espingole de marine à silex.

527 — Fusil de munition français, dont le bassinet est recouvert d'un cylindre mobile en cuivre.

528 à 531 — Fusils de munition russes, à silex et à percussion, provenant de Bomarsund.

Donnés en 1855, par S. E. M. Théodore Ducos, ministre de la marine.

532 — Fusil de chasse double, système Robert.

Donné en 1856, par M. Adrien René.

PISTOLETS

533 — Paire de pistolets à rouets, montures à boules octogones, ornements et médaillons incrustés en ivoire gravé, représentant des personnages du temps de Henri II, les enveloppes des rouets et les calottes à têtes de lions, sont en cuivre doré, XVIe s.

534 — Paire de pistolets à rouets, de la même époque, dont les montures à boules sont ornées de dessins, formés par l'incrustation de petits morceaux d'os ou d'ivoire.

535 à 537 — Pistolets italiens à rouets, montures incrustées en fer, XVIIe s.

538 — Pistolet à rouet, très bien fait; sur le tonnerre du canon est un poinçon aux armes de l'Eglise; sur la bande de la poignée est gravée

l'inscription : SOLA JOVIS IACVLATOR DEXTERA FVLMEN, XVIe s.

539 — Pistolet italien à rouet, détente et sous-garde découpées à jour, XVIe s.

540 — Pistolet, dont le canon couvert d'incrustations d'or et d'argent, porte la date de 1615. La platine du système intermédiaire est gravée, ainsi que la calotte en argent.

Cette arme, travail turco-italien, a été trouvée à Alger en 1830.

541 — Paire de pistolets à rouets, montures en bois noirci, garnitures dorées, XVIIe s.

542 et 543 — Paires de pistolets à rouets, XVIIe s.

544 — Pistolet à silex, ciselé et damasquiné d'or, magnifique travail de l'époque de Louis XV; sur le canon est gravé le nom de Couna.

545 — Pistolet à silex de la même époque, garnitures découpées et ciselées; sur la platine est gravé le nom de Langevin, à Montauban.

546 et 547 — Pistolets à silex ordinaires.

548 — Pistolet oriental à silex, garnitures et bandes en fer gravé.

549 — Paire de pistolets à silex, platines incrustées et garnitures d'argent.

Ces armes rapportées d'Egypte, par M. le lieutenant général, vicomte de Pelleport, ont été données par lui en 1854.

OBJETS DIVERS

550 — Arc d'arbalète, XVe s.

Trouvé à Rauzan.

551 — Fragments de treuils d'arbalètes.

Donnés par M. Labet.

552 — Cordes d'arbalètes.

553 — Cordes d'arcs.

554 — Bandoulière garnie de soie, boucles et mascarons en cuivre ciselé et doré, avec poulverins, porte mèches et boîtes à charges, XVIIe s.

555 — Poire à poudre-amorçoir, en ivoire, formant un groupe d'animaux sculptés, XVIe s.

Donné en 1854, par M. Castéja, adjoint de maire.

556 — Poire à poudre en corne de cerf gravée, XVIe s.

557 — Poire à poudre en bois sculpté, garnie en fer, avec cordon de cuir tressé, portant la clef de l'arquebuse, XVIIe s.

558 — Poudrière en fer, cannelée et gravée, avec crochet de ceinture, XVIIe s.

559 — Poudrière en corne, garniture en fer avec crochet de ceinture, XVIIe s.

560 — Clefs d'arquebuses.

561 — Fourche de mousquet à porte-mèche, découpée et gravée, XVIIe s.

562 — Fût d'une arquebuse à mèche, avec médaillons en ivoire gravés, XVIe s.

563 — Platines à rouet italiennes, XVIe s.

564 — Platine à silex espagnole, gravée.

565 — Portion du tonnerre d'une arme à trois coups, tournante, XVIIIe s.

566 — Eprouvette pour la poudre, XVIIIe s.

567 — Eprouvette à ressort pour la poudre.

Donnée en 1854, par M. Roux, arquebusier.

568 — Coutille d'une trousse de veneur, XVIIe s.

569 — Pommeau d'épée, en bronze, XIIIe s.

Trouvé à la Sauve (Gironde) et donné en 1856, par M. Léo Drouyn, conservateur du Musée des antiques.

570 — Pommeau de poignard en bronze, XIIIe s.

571 — Pommeau en fer d'une épée ciselée XVIe s.

572 — Monture d'épée, en fer damasquiné d'argent, XVIIe s.

573 — Garde de dague, XVIe s.

574 — Garde de fleuret, XVIIIe s.

575 — Porte brette, articulé et gravé, XVIIIe s.

576 — Crochet de ceinture découpé, XVIIIe s.

577 — Corne sculptée, travail espagnol.

578 — Bâton à bouts d'ivoire, usage inconnu.

579 — Canne en ivoire, ornements dorés.

580 et 581 — Fers de lances oxidés, XIII s.

582 — Fer de lance triangulaire, avec moulures, XVIIe s.

583 — Fourche, XVIIe s.

584 — Fourche bayonnette, XVIIIe s.

585 — Petite hache sur laquelle sont gravées deux figures d'évêques, XVe s.

586 — Hausse col, ciselé, XVIe s.

Donné en 1854, par M. Samazeuilh, adjoint de maire.

587 — Sabres autrichiens.

588 — Bayonnettes autrichiennes.

589 — Sac à capsules autrichien.

Les nos 587 à 589 ont été donnés en 1860, par M. Roux fils, vice-président de la Société des sauveteurs de la Gironde.

PROJECTILES

590 — Boulet de pierre dure, du diamètre de 0,76, pesant 515 k., XIVe s.

591 — Boulet de pierre dure, du diamètre de 0,48, pesant 135 k. XIVe s.

Ces deux projectiles proviennent du Château-Trompette, à Bordeaux.

592 à 597 — Boulets de pierre dure, des diamètres de 0,45 à 0,11, et du poids de 150 k. à 1 k. 500, XIVe s.

Trouvés en 1856, dans les fondations d'une partie du fort du Hâ, à Bordeaux.

598 à 609 — Boulets de pierre dure, des diamètres de 0 m. 14, à 0 m. 06, et du poids de 2 k. 500 à 0 300 g.

Trouvés dans le département de la Gironde.

610 — Fer de javelot.

611 et 612 — Fer de flèches d'arbalètes, triangulaires à douilles, XIVe s.

Trouvés à Carignan (Gironde), en 1859, et donnés par M. de Puyferrat.

613 — Fer de flèche d'arbalète, quadrangulaire à douille, XIVe s.

Trouvé à Carcans (Gironde) en 1859, et donné par M. Charles Marionneau.

614 et 615 — Fers de flèche très minces, à douilles, provenant de Saint-Pierre-de-Comminge, XIVe s.

Donnés en 1859, par M. de Puyferrat.

616 — Fers de flèches d'arbalètes, XVe s.

617 et 618 — Flèches incendiaires, pour arbalètes, XVIe s.

619 et 620 — Flèches ou garrots d'arbalètes, XVIe s.

621 à 624 — Flèches d'arbalètes pour le jeu de l'oiseau, XVIIe s.

ARMES

et Ustensiles des Peuples de diverses parties du Globe.

AMÉRIQUE

625 à 638 — Haches et marteaux en basalte, armes des anciens Caraïbes.

Trouvés à la Guadeloupe, et donnés en 1854, par M. Grellet-Balguerie, juge de paix du canton du Moule.

639 et 640 — Haches du même genre.

Données en 1858, par M. Adolphe Charroppin, conseiller municipal.

641 — Hache en pierre.

Trouvée dans le haut de la rivière d'Oyapoc, chez les indiens Auyenpy (Guyane).

642 — Hache en pierre, trouvée à la Guyanne.

643 et 644 — Haches polies.

645 — Petite hache brisée, de la Guyane.

646 à 649 — Haches de diverses dimensions sans indications précises d'origine.

650 — Hache à deux tranchants, travaillée et percée dans son épaisseur pour recevoir le manche, avec moulures sur les champs.

651 — Hache, faite d'un fragment d'une coquille hippope.

652 — Fragment d'obsidienne du Mexique, clivé, et couteaux à doubles tranchants.

Donnés en 1860, par M. le comte Al. de Chasteigner.

653 et 654 — Lances mexicaines en obsidienne,

655 et 656 — Poignards mexicains, lames en obsidiennes, manche et fourreau en écorce d'arbre.

657 à 662 — Flèches indiennes, montées sur roseaux, deux d'entre elles sont faites avec des fragments de bouteilles.

663 et 664 — Flèches en pierres taillées.

665 — Couteau en pierre rouge, taillé par éclats.

666 — Casse tête en pierre poli. (*).

667 — Masque de punition pour les nègres.

668 — Eperons péruviens, à grandes molettes.

669 — Couteau mexicain.

AFRIQUE

670 et 671 — Mors arabes modernes.

Le nº 671 a été donné en 1856, par M. Chaventon, serrurier.

672 — Bride arabe.

673 — Eperon arabe.

674 — Yatagan arabe, manche niellé et fourreau d'argent estampé.

675 — Yatagan-poignard arabe, fourreau en argent estampé.

Donné en 1854, par M. Alexandre Léon, adjoint de maire.

(*) Les nos 641 à 666, proviennent du Legs Jouannet.

676 et 677 — Flissas kabyles.

678 — Sabre marocain.

679 — Cartouchière arabe, en cuir.

680 — Amorçoir arabe.

681 à 686 — Poignards du Sénégal.

Les nos 685 et 686 ont été donnés en 1854, par M. Robert de la Mahottière, chef de division à la mairie.

687 à 695 — Sagaïes du Sénégal.

696 — Coutelas avec gaîne en cuir, du Sénégal.

ASIE

697 à 700 — Lances indiennes, épieux de chasse à rondelles en fer.

701 — Lance indienne, gravée, fer barbelé.

702 à 704 — Poignards indiens.

705 à 708 — Armes indiennes en fer, espèces de lances courtes avec gardes au milieu.

709 — Arme indienne, à lame large et aigue, garnie de cuivre.

710 et 711 — Poignards indiens, gardes en fer.

712 à 713 — Kriss malais, lames en damas miné.

Le no 712 a été donné en 1854, par M. le capitaine Pieck.

717 et 718 — Poignards doubles en buffle et en acier.

719 et 720 — Coutelas indiens.

721 — Couteau de chasse indien, lame courbe à rainures, fourreau en cuir chagriné, contenant un nécessaire et deux petits couteaux de curée.

722 — Couteau japonais, lame courbe.

723 — Sabre chinois, à deux lames.

724 — Etrier en bronze, avec appliques d'argent.

725 — Bouclier en cuir noir.

726 — Bouclier en peau de rhinocéros.

727 — Carquois chinois, brodé en or, contenant un arc et 35 flèches.

728 — Carquois tartare, en cuir, contenant un arc et 38 flèches.

729 — Cotte de mailles circassienne.

DIVERSES

730 — Masque en bois grossièrement sculpté, (Nouvelle Calédonie).

731 et 732 — Bouclier d'osier.

733 — Bouclier en bois.

734 à 736 — Casse-têtes, de la Nouvelle Calédonie.

737 à 749 — Casse-têtes différents.

750 à 752 — Harminettes en pierre, manches de bois.

753 à 754 — Lances en bois sculptées, de la Nouvelle Calédonie.

Données en 1858, par M. Henri Sabourin, négociant.

755 à 758 — Lances en bois, de la Nouvelle Calédonie.

759 à 774 — Lances variées, de divers pays.

775 et 776 — Sarbacannes en bois, recouvertes en sparterie, (Nouvelle Calédonie).

777 et 778 — Arc et paquets de flèches, même origine.

Les nos 777 et 778 ont été donnés en 1856, par le gouvernement.

779 — Sarbacane et alènes empoisonnées.

780 à 783 — Carquois, contenant des flèches empoisonnées.

784 à 789 — Paquets de flèches empoisonnées.

790 à 797 — Arcs en bois de différents pays.

798 — Arbalète en bois dur, très bien faite.

799 — Frondes d'écorces.

800 — Bride de nerfs.

801 — Hameçon en bois.

802 — Doigtier en os, pour tirer l'arc.

803 — Fausse barbe, trophée de guerre.

804 — Pagaye ciselée.

805 — Pagaye à dessins rouges.

806 — Armure en corde tressée, garnie de coquillages, vêtement de guerre d'un chef des naturels des îles de la Société.

807 à 811 — Coupes en bois sculpté, avec incrustations de nacre.

812 à 999 — Trophées d'armes, ustensiles et emblêmes des naturels des îles de la Société.

Les nos 806 à 999 renferment les 180 pièces formant l'ensemble du don fait en 1854, par M. Alcide Cayrou, adjoint de maire.

POTERIES GRECQUES

CAMPANIENNES

1,000 et 1,001 — Vases oviformes à deux anses, fonds noirs, peintures jaunes.

1,002 — Vase bursaire à deux anses, fond noir, peinture jaune rehaussée de blanc.

1,003 — Vase de même forme, fond noir, peinture blanche rehaussée de jaune.

1,004 — Vase oviforme, hydrie à une anse et à bec trêflé, fond noir, peinture blanche rehaussée de blanc et de rouge.

1,005 — Vase burso-sphéroidal, à une anse et à bec quadrifolié, même peinture.

1,006 — Grande coupe (Cylix) à deux anses fond jaune, peinture noire rehaussée de blanc.

1,007 — Coupe (Cylix) à deux anses, fond jaune, même peinture.

1,008 — Grande tasse godronnée, à deux anses, fond noir, avec dessins jaunes autour du rebord extérieur.

1,009 — Vase bursaire godronné, à goulot, fond noir, dessins blanc.

1,010 — Vase à infusions, sphéroïdal écrasé, fond noir, peinture jaune.

1,011 — Vase semi-oviforme à deux anses élevées, fond noir, peinture jaune.

CORINTHIENNE

1,012 — Vase oviforme, hydrie à deux anses, fond noir, peinture jaune rehaussée de blanc.

TYRRHENO-PHÉNICIENNES

1,013 et 1,014 — Burettes cylindriques, fonds jaunes, peintures noires.

Voir le Musée de Sèvres, par Brongniart et Riocreux.

POTERIES GAULOISE ET GALLO-ROMAINES

1,015 — Vase gaulois, en terre noire, façonné à la main.

1,016 à 1,020 — Vases gallo-romains, tournés, terres noires et grises mattes.

1,021 et 1,022 — Urnules de formes différentes à une anse, terres jaunes.

1,023 — Biberon à une anse, terre blanche.

1,024 à 1,026 — Vases en terres noires, lustrées.

1,027 à 1,033 — Vases en terres rouges, lustrées.

1,034 à 1,038 — Vases moulés, en terres rouges et noires lustrées, avec figures et ornements en relief.

1,039 à 1,046 — Lampes moulées avec figures et ornements en relief, quelques unes portant le nom du potier.

1,047 et 1,048 — Moules creux en terre, pour la fabrication des poteries en relief.

1,049 à 1,051 — Poids en terre cuite. ?

Les types, nos 1015 à 1051 proviennent du cimetière de Terre-Nègre (Bordeaux), et ont été extraits de la nombreuse collection du Musée des antiques.

Voir la notice de M. Jouannet, lue à l'Académie de Bordeaux, le 20 mai 1831.

POTERIES FRANQUES

1,052 et 1,053 — Vases en terre noire, minces, provenant des fouilles d'Envermeu (Seine-Infre).

Don de M. l'abbé Cochet en 1856.

SCULPTURES, PEINTURES, ETC

1,054 — La Nativité de N. S. Jésus-Christ, bas-relief en marbre avec traces d'enluminures, XIIIe s.

H., 0 m. 50 c. L. 0 m. 28 c.

1,055 — La Flagellation, bas-relief en marbre, XIIIe s., fonds peints et dorés.

H., 0 m. 42 c., L., 0 m. 26 c.

1,056 — Le Christ en croix, bas relief en marbre, fonds peints et dorés, XIIIe s.

H., 0 m. 54 c., L., 0 m. 28 c.

1,057 — La Visitation, statuettes en marbre, XVIe s.

H., 0 m. 55 c.

1,058 à 1,060 — Sculptures sur bois, fragments d'une frise de l'ancienne maison, autrefois rues de la Rousselle et de la chapelle Saint-Jean, XVe s.

1,061 — Tableau en bois sculpté, par Ch. Lagnier, à Bordeaux.

Médaille d'argent, Exposition universelle de 1855.

1,062 et 1,063 — Bas reliefs modelés en terre cuite; sacrifices à Jupiter et à Minerve, par........ de Bordeaux, XVIIIe s.

1,064 — Groupe de pêcheurs, composition en terre cuite, par E. Blot, de Boulogne-sur-Mer.

Donné par l'auteur, en 1859.

1,065 et 1,066 — Médaillons en cuivre ciselés et dorés, Henri IV et..... Fin du XVIIIe s.

1,067 — Portrait en cire coloriée, du pape Benoît XIV, travail italien du XVIIIe s.

1,068 — Modelages en cire sur plaques de verre coloriés, travail anglais, XVIIIe s.

1,069 — Petit vitrail suisse, divisé en cinq compartiments. Dans la partie supérieure : l'Annonciation, au centre : la Vierge dans une auréole rayonnante, l'archange armé de la croix combat et terrasse l'hydre de l'hérésie ; le Père éternel dans les nuages, à droite : Sainte-Catherine vierge et martyre, à gauche : le pèsement des âmes.

Dans le bas; la figure du donateur en surplis, son écusson et l'inscription : *H. Michael Moser der zeït Sfarher zur Romër-Febweill, Anno*, 1642.

H., 0 m. 30 c. L., 0 m. 22 c.

ÉMAILLERIE, ORFÉVERIE

1,070 — Croix de procession en cuivre doré, émaillée de diverses couleurs et en taille d'épargne, travail de Limoges, du XIIe s.

H., 0 m. 37 c. L., 0 m. 25 c.

Cette pièce et les deux suivantes sont décrites et gravées dans l'ouvrage publié par M. Léo Drouyn, sur les croix de processions, de cimetières et de carrefours.

1,071 — Croix de procession en cuivre repoussé

et doré, ornée de cristaux taillés en cabochons, XIIIe s.

H., 0 m. 43 c. L., 0 m. 27 c.

1,072 — Croix en cuivre doré, reliquaire au centre, avec cabochons de verres de couleurs, XIVe s.

H., 0 m. 23 c. L., 0 m. 13 c.

1,073 — Croix de procession en cuivre repoussé, XVIe s.

1,074 — Petite croix trêflée en cuivre, provenant des fouilles du cimetière de Saint-Michel, à Bordeaux, XVIIe s.

H. 0, m. 17 c., L. 0 m. 08 c.

1,075 — Christ en cuivre émaillé autrefois doré, provenant du Périgord et ayant dû appartenir à une belle croix du XIIe s.

H., 0 m. 22 c.

1,076 — Christ en cuivre émaillé, XIIe s.

H., 0 m. 15 c.

1,077 — Christ en cuivre du XIIe s. appliqué au XVIIe s. sur une croix de bois incrustée de nacre et de filigranes d'argent.

H., 0 m. 19 c. L., 0 m. 16 c.

1,078 — Bassin à ablutions en cuivre doré et émaillé en taille d'épargne, avec une petite gargouille pour épancher le liquide, travail de Limoges de la fin du XIIIe s.

D., 0 m. 23 c.

Ce vase provient de l'Abbaye de la Sauve et a été décrit et gravé dans l'album de la grande Sauve par M. Léo Drouyn.

1,079 à 1,081 — Cuillers d'argent pour l'usage du culte, XIVe s.

1,082 — Fragment d'un reliquaire ou monstrance en cuivre, XVe s.

1,083 — Ostensoir italien en agates taillées, monté en or émaillé, XVIe s.

Cette pièce renfermée dans son écrin en cuir gauffré de fleurs de lys d'or, provient dit-on, du trésor des Chartreux, de Bordeaux, à qui elle aurait été donnée par la reine Catherine de Médicis.

H., 0 m. 21 c.

1,084 — Anneau épiscopal, formé d'un énorme cabochon monté en argent, XIVe s.

1,085 — 20 bagues de formes variées avec pierres montées, en cuivre et argent dorés, provenant des fouilles du cimetière de Saint-Michel à Bordeaux, XVIIe s.

1,086 — Email peint, de Limoges, représentant la mise au tombeau ; au premier plan, les saintes femmes et les disciples du Sauveur ensevelissent son corps, dans le lointain, à gauche, la descente de la croix, se détachant sur un ciel d'azur constellé d'étoiles d'or, XVIe s.

H., 0 m. 24 c. L., 0 m. 28 c.

1,087 à 1,099 — Six tasses, six soucoupes et un sucrier en émail, signés *J. Laudin, aux fauxbourg de Manigne, à Limoges*. Chacune de ces pièces est ornée de médaillons entourés de fleurs en relief, représentant divers sujets de la fable et des personnages historiques, et d'un écusson sur lequel sont figurées les armes suivantes : D'or, au lion de sable, armé et lampassé de gueules, au chef d'azur, chargé de trois étoiles d'argent, surmonté d'un cimier ou d'une couronne de marquis et de comte, entouré du collier des ordres réunis de Notre-

Dame-du-Mont-Carmel et de Saint-Lazare de Jérusalem, XVIIe s.

1,100 — Petite plaque en argent repoussé, représentant Orphée entouré d'animaux et jouant de la lyre, XVIIe.

H., 0 m. 05 c. L., 0 m. 06 c.

1,101 — Grande plaque d'argent repoussé et ciselé ayant servi de porte de tabernacle et représentant l'Assomption de la Vierge, travail espagnol du XVIIe s.

H., 0 m. 48 c. L., 0 m. 28 c.

1,102 à 1,105 — Quatre assiettes en étain avec figures et ornements en relief, XVIIe s.

1. Jésus-Christ au centre et les 12 apôtres dans les médaillons concentriques.

2. Au centre, Noé au sortir de l'arche offrant son sacrifice, autour 4 sujets de la Genèse.

3. Au centre, création de la femme; autour les quatre saisons avec exergues.

4. Au centre et dans chacun des quatre médaillons; des personnages à cheval.

1,106 — Le triomphe de Silène, surmoulé en cuivre, d'une plaque repoussée et ciselée du XVIe s.

MEUBLES

1,107 — Cheminée en noyer, faite avec d'anciennes sculptures, XVIIe s.

1,108 — Crédence en noyer sculpté provenant des environs de Bordeaux, fin du XVIe s.

1,109 — Crédence en cèdre sculpté, provenant du château de Ruat (Gironde), fin du XVIe s.

1,110 — Cabinet en plaqué d'ébène, avec frise

et panneaux pleins et sculptés, représentant la nativité et le baptême de N. S. Jésus-Christ, l'intérieur renferme plusieurs secrets et des marquetteries en bois différents, avec glaces produisant des effets de perspective variés, fin du XVIe s.

1,111 — Cabinet à moulures d'ébène, avec applications d'écaille, d'argent et de cuivre estampés, l'intérieur est garni de tiroirs avec incrustations de bois et d'ivoire, et de pierres transparentes montées sur cuivre doré. Des glaces disposées dans le fond reproduisent les mêmes effets que dans le meuble précédent, fin du XVIe s.

1,112 — Grande table en bois sculpté et noirci, fin du XVI s.

1,113 — Table à pieds tournés, à dessus de marbre avec incrustations de pierres différentes, XVIIe s.

1,114 — Siège d'église en chêne sculpté, dossier élevé et à jour, XVIe s.

1,115 — Chaise longue rotinée, en noyer sculpté, avec ornements enroulés et enfants soutenant des couronnes fermées; provenant du Château de Blanquefort, XVIIe s.

1,116 à 1,119 — Fauteuil, chaises et tabouret du même style et de la même provenance.

1,120 et 1,122 — Fauteuils en noyer sculptés, XVIIe s.

1,123 et 1,124 — Fauteuils en bois sculptés, peintures noir et or, XVIIe s.

Le n° 1,123 provient du château de Thouars.

1,125 à 1,127 — Chaises en bois, sculptées, XVIIe s.

1,128 — Lustre flamand en cuivre, à douze branches, XVIIe s.

1,129 — Dressoir en chêne sculpté, fait d'anciennes sculptures du XVIe s.

SERRURERIE

1,130 — Serrure de coffre, chef-d'œuvre de Me Moreau en 1737.

1,131 — Serrure de coffre, chef-d'œuvre de Me Payen, en 1755.

1,132 — Serrure de coffre, chef-d'œuvre de Me Piron, en 1758.

1,133 — Foncet de serrure découpé, et clef évidée, par Me B. Chaventon, en 1759.

1,134 — Serrure, chef-d'œuvre du fils de Me Montard, en 1,670.

1,135 — Serrure, chef-d'œuvre du fils de Me Guignan, en 1683

1,136 — Serrure, chef-d'œuvre du fils de Me Louis Prunié, en 1,179.

1,137 — Serrure, chef-d'œuvre du fils de Me Cavandé, en 1740.

1,138 — Serrure, chef-d'œuvre du fils de Me Dumaine, en 1748.

1,139 — Grande serrure à verrou, XVe s.

1,140 — Serrure de coffre, à baguettes découpées à jour, XVIe s

1,141 — Serrure de coffre, à colonnes ciselées et découpée, XVIe s.

1,142 — Serrure de coffre gravée, XVIe s.

1,143 — Serrure de coffre, compliquée, XVIIe s.

1,144 — Serrure de coffre, clef triangulaire, XVIIe s.

1,145 — Serrure de coffre, repoussée, clef gravée, XVIIe s.

1,146 — Serrures découpées, XVIe s.

1,147 — Serrure, clef à trêfle, XVIe s.

1,148 — Serrure, clef triangulaire, XVIe s.

1,149 — Serrure gravée, à mascaron ciselé, XVIe s

1,150 — Serrure ordinaire, XVIe s.

1,151 — Grande serrure, gravée à l'intérieur, provenant du Fort-Louis, à Bordeaux, XVIIe s.

1,152 — Grande serrure d'appartement, XVIIe s.

1,153 — Serrure d'armoire, dite Biscornette, à fleur de lys, XVIIe s.

1,154 — Serrure richement découpée à chasseur, avec secret, XVIIIe s.

1,155 et 1,156 — Serrures d'armoires, XVIIIe s.

1,157 — Serrure à cul de limaçon, XVIIIe s.

1,158 — Serrure marseillaise à cadenas, XVIIIe s.

1,159 à 1,163 — Foncets de serrures, garnitures variées, et leurs clefs, XVIIIe s.

1,164 — Foncet et clef à fleur de lys, par Me B. Chaventon, XVIIIe s.

1,165 — Foncet et clef à trèfle, par le même.

1,166 — Foncet, croix de la Légion-d'Honneur, par B. Chaventon, XIXe s.

1,167 — Clef en fer, damasquinée d'or, XVIe s.

1,168 — Clef évidée, avec boule à l'intérieur, XVIIe s.

1,169 — Clefs ciselées, XVIIe s.

1,170 — Anneaux de clefs ciselées, XVIIe s.

1,171 — Clefs oxidées, XVe et XVIe s,

1,172 — Auberonnière découpée du XVIIIe s., avec cache-entrée à statuette du XVe s.

1,173 — Targette à clef, découpée, XVIe s.

1,174 — Loqueteau découpé, XVIe s.

1,175 — Entrée de serrure, repoussée et ciselée, XVIe s.

1,176 et 1,177 — Cadenas sphériques, XVIIe s.

1,178 — Fragments de serrures ciselées.

1,179 — Pièces non achevées.

1,180 — Coffret, tire-lire en fer, à poignée torse godronnée, à trois serrures, et à six pans; à chacun des angles est appliqué un clocheton ciselé, dont la base se termine en feuille de chardon, XVe s.

1,181 — Coffret en fer, à mailles découpées et à baguettes, serrure en relief, XVe s.

1,182 — Coffret en bois, avec garnitures et poignée en fer découpées, XVIe s.

1,183 — Coffret en fer, à poignée, forme bahut ; à deux serrures et secret, XVIIe s.

1,184 — Petit coffret à poignée en fer, à secret, forme bahut, XVIIe s.

1,185 — Coffret, tire-lire en fer, à poignée et à trois serrures, forme carrée avec moulures XVIIe s.

1,186 — Boucle ou marteau de porte, en fer ciselé, avec mascarons, provenant d'une maison de la rue Puits-Bagne-Cap, à Bordeaux, XVIIe s.

1,187 — Marteau de porte en fer ciselé, avec levriers supportant un écusson, XVIIe s.

1,188 — Marteau de porte en fer ciselé, à feuilles détachées, XVIIIe s.

1,189 et 1,190 — Marteaux de porte, en fer ordinaires, XVIIIe s.

1,191 — Heurtoir en fer, forme de croix, XVIIIe s.

OBJETS DIVERS

1,192 — Saint-Christophe portant l'enfant Jésus, sujet brodé en soie sur une bannière du XVIe s.

1,193 et 1,194 — Disciplines, XVIIe s.

1,195 — Ecritoire de voyage, nécessaire en bois recouvert de cuir chagriné, gauffré au fer et doré, avec poignée, coins, charnières et serrure découpés à jour et dorés ; l'ornementation reproduit à l'extérieur et à l'intérieur l'L couronnée, le ££ et les fleurs de lys, les armes de France et de Navarre sur le dessus.

Cette belle pièce a appartenu au roi Louis XIII, et a dû être perdue ou dérobée, lors du séjour de ce monarque à Bordeaux.

L., 0 m. 30 c. L., 0 m. 40 c. H., 0 m. 12 c.

1,196 — Nécessaire de voyage en cuir noir, gauffré au fer, ayant dû renfermer un couteau et une cuiller articulée; l'ornementation se compose d'un fond d'écailles sur lequel se détachent des larmes, fleurons et flammes, la gorge est ornée de cœurs percés de flèches et d'S barrées, gauffrées et dorées, travail de gaînerie du XVIIe s.

1,197 — Miroir en métal, bordé de cuivre doré, XVIIe s.

1,198 — Buse en ivoire, avec devises amoureuses et ornements gravés, XVIIe s.

1,199 — Couvercle d'un étui de ciseaux, en fer damasquiné d'argent, XVIIe s.

1,200 — Cachet en fer tournant à trois faces, monture en cuivre avec crochet recourbé et dentelé, XVIIe s.

1,201 — Poids en métal de cloche de la commune de Bordeaux, livre anglaise de 1,316.

1,202 — Aune de Paris, en fer, avec son étalon, 1,765.

1,203 — Toise de France, en fer, étalonnée en 1,766.

1,204 — Pied bordelois en cuivre, avec son étalon.

1,205 — Mortier en bronze, décoré de balustres et de fleurs de lys, XVIe s.

1,206 — Mortier de pharmacie en bronze pesant 34 k., décoré de mascarons et ornements. Sur le rebord extérieur se trouve en relief l'inscription : IE SVIS A PIERRE CHANVT MESTRE SIRVRGIEN, 1,632.

Donné en 1860, par M. Vital Henry Bassié, fondeur en métaux.

BIBLIOGRAPHIE

BOUCHER DE PERTHES. *Réponse à MM. les antiquaires et géologues, etc.* — Amiens, 1859.

JOUANNET. *Musée d'Aquitaine.* — Bordeaux, 1823.

CAUMONT (de). *Cours d'antiquités monumentales.* — Paris, 1830.

GOURGUES (vte A. de). *Rapport sur une sépulture.* — Recueil des actes de l'Académie de Bordeaux, 3e trimestre, 1859.

COCHET (l'abbé). *Normandie souterraine. — Sépultures gauloise, romaines et franques. — Tombeau de Chilpéric.*

MEYRICK (S. R.). *A critical inquiry into antient armour, etc.* — London, 1823.

JUBINAL (Achille). *Armeria real de Madrid.* — Paris, 1839.

SAULCY (de). *Moyen âge et renaissance.* — Paris, 1831.

JACQUES DE GHEYN. *Maniments d'armes.* — Amsterdam, 1608.

PIOBERT. *Traité théorique et pratique d'artillerie.* Paris, 1845.

NAPOLÉON III. *Essai sur le passé et l'avenir de l'artillerie.* — Paris, 1854.

VIOLLET-LE-DUC. *Dictionnaire raisonné d'architecture française, etc., et Dictionnaire du mobilier.* — Paris, 1854.

DANIEL (Le Père). *La milice françoise.* — Paris, 1791.

SURIREY DE SAINT-REMY. *Mémoires d'artillerie.* — Paris, 1697.

BARDIN (général). *Dictionnaire de l'armée.* — Paris, 1851.

SUSANE (Louis). *Histoire de l'ancienne infanterie française.* — Paris, 1849-1851.

PASCAL (Adrien) et BRAHAUT. *Histoire de l'armée.* — Paris, 1853.

WILLEMIN. *Monuments français.* Paris, 1839.

BRONGNIART (Alex). *Traité des arts céramiques, etc.* — Paris, 1844.

2...

BRONGNIARD (Alex) et RIOCREUX. *Description méthodique du Musée céramique de Sèvres.* — Paris, 1845.

JOUANNET. *Notice sur les antiques sépultures populaires du département de la Gironde.* — Recueil des actes de l'Académie de Bordeaux, 1330-1831.

LABARTHE (Jules). *Description des objets de la collection de Bruge-Dumenil.* — Paris, 1847

DROUYN (Léo). *Album de la Grande-Sauve.* — *Croix de processions, de cimetières et de carrefours.* — Bordeaux, 1851 et 1858

JOUSSE (Mathurin). *La Fidèle ouverture de l'art de serrurier, etc.* — La Flèche, 1627.

ALBERT DURER. *Œuvres (gravures).*

SADLER. *Œuvres (gravures).*

Magasin pittoresque.

Catalogues des Musées d'artillerie et de Cluny.

DONATEURS

MM.

Bassié (Vital-Henry), fondeur en métaux.

Beaucourt (Fortuné).

Blot (E.), à Boulogne-sur-Mer.

Boucher de Perthes, président de la Société Imp. d'émulation de la Somme, à Abbeville.

Boyer, chanoine.

Burguet, arquebusier.

Castéja, maire.

Cayrou (Alcide), ad. de maire.

Charroppin (Adolphe), *id.*

Chasteigner (c^te Al. de).

Chaventon, serrurier.

Cochet (abbé), inspecteur des monuments historiques de la Seine-Inférieure, à Dieppe.

Collignon (Charles), artiste peintre.

Dauzats (Adrien), *id.*

Drouyn (Léo), conservateur du Musée d'antiques.

Ducos (Théodore), Ministre de la marine.

MM.

Fabre (Maurice), négociant.

Faure, adjoint de maire,

Feytit, *id.*

Gautier Lagardère.

Goubeau (Victor), lampiste.

Gourgues (v^te Al. de), membre de l'Académie de Bordeaux.

Grellet-Balguerie, juge de paix du Moule (île Guadeloupe).

Jarausse.

Jouannet, bibliothécaire de la ville.

Labet (J. A.), conservateur du musée d'armes.

Lacéne, capitaine, commandant la garde municipale.

Lagnier (Charles), sculpteur.

Lataste, conseiller municipal.

Léon (Alexandre), adjoint de maire.

Léon (Camille), négociant.

Léon (Virgille), *id.*

Lopes-Dias (Adrien), agent de change.

Maitre (Adrien), secrétaire de la ville.

Marionneau (Charles), artiste peintre.

Pelleport (vte de), lieutenant-général.

Pery (Achille), caissier du Mont-de-Piété.

Pieck, capitaine au long-cours.

Puyferrat (de), employé au chemin de fer du midi.

Robert de la Mahottière, chef de division à la Mairie.

Roux, arquebusier.

Roux, vice-président de la Société des sauveteurs de la Gironde.

Rene (Adrien).

Sabourin (Henri), négociant.

Samazeuilh, adjoint de maire.

Scott (T. B. G.), consul de S. M. Britanique.

Sermensan, propriétaire.

TABLE ET CLASSIFICATION

www.ingramcontent.com/pod-product-compliance
Ingram Content Group UK Ltd.
Pitfield, Milton Keynes, MK11 3LW, UK
UKHW021311190726
13839UKWH00007B/1172